Ni de focas

Kathy Furgang

En la costa del océano Pacífico hay muchas focas.

Las focas necesitan ayuda

Las focas viven en el agua. Pero también pasan tiempo en tierra.

Las crías no saben buscar comida.

Los bebés nacen en tierra. La mamá busca comida en el agua. Los bebés esperan en la orilla. No pueden vivir sin su mamá.

La cría de foca espera a su mamá.

Los bebés de foca corren peligro en la orilla. Los perros y otros animales les hacen daño. ¡Las personas también!

Las focas viven en zonas donde hay mucha gente.

¿Cómo podemos ayudar?

También hay gente que ayuda a los bebés. Los vigilan de día y de noche.

¡Son niñeras de focas! Hay que vigilar las focas. Pero desde lejos. Si te acercas, se asustan.

Las crías nacen durante el verano.

Las niñeras evitan que la gente y los animales se acerquen a las focas. Así las protegen.

Las crías necesitan descansar.

Poco a poco, los bebés pasan más tiempo en el agua. Aprenden a buscar comida con su mamá.